Anna Lana

Erotik Ausmalbuch
Hot Girls und Blumen

Bibliografische Information der Deutschen Nationalbibliothek:
Die Deutsche Nationalbibliothek verzeichnet diese Publikation in
der Deutschen Nationalbibliografie; detaillierte bibliografische
Daten sind im Internet über http://dnb.dnb.de abrufbar.

© 2021 Anna Lana; 1. Auflage

Covergrafik, Texte & Illustrationen © 2021 Anna Lana
Kontakt Autor: anna.lana@t-online.de

Herstellung und Verlag: BoD – Books on Demand, Norderstedt

ISBN: 9783754327005

Weitere Titel von Anna Lana

BSDM
WORTSUCHRÄTSEL
BUCH
für Erotik Fans

F*CK*N
WORTSUCHRÄTSEL
BUCH
für Erotik Fans

Penis
WORTSUCHRÄTSEL
BUCH
für Erotik Fans

Masturbation
WORTSUCHRÄTSEL
BUCH
für Erotik Fans

Kamasutra
WORTSUCHRÄTSEL
BUCH
für Erotik Fans

Swinger
WORTSUCHRÄTSEL
BUCH
für Erotik Fans

Vagina
WORTSUCHRÄTSEL
BUCH
für Erotik Fans